DIGNO É O CORDEIRO

MEMÓRIA DE UM ANO SOMBRIO

SERGIO FARACO

DIGNO É O CORDEIRO

MEMÓRIA DE UM ANO SOMBRIO

L&PM EDITORES

Texto de acordo com a nova ortografia.

Capa: Ivan Pinheiro Machado
Preparação: Mariana Donner da Costa
Revisão: Luiza Glessler

CIP-Brasil. Catalogação na publicação
Sindicato Nacional dos Editores de Livros, RJ.

F225d

Faraco, Sergio, 1940-
Digno é o cordeiro: memória de um ano sombrio / Sergio Faraco. – 1. ed. – Porto Alegre [RS] : L&PM, 2024.
120 p. ; 21 cm.

ISBN 978-65-5666-515-3

1. Ditadura - História - Brasil. 2. Brasil - Política e governo - 1964-1985 I. Título.

24-93465 CDD: 981.063
CDU: 94(81)"1964/1985"

Meri Gleice Rodrigues de Souza - Bibliotecária - CRB-7/6439

Rua Comendador Coruja, 314, loja 9 – Floresta – 90.220-180
Porto Alegre – RS – Brasil / Fone: 51.3225.5777
Pedidos & Depto. Comercial: vendas@lpm.com.br
Fale conosco: info@lpm.com.br
www.lpm.com.br

Impresso no Brasil
Primavera de 2024

NOTA DO AUTOR

Quando publiquei *Lágrimas na chuva*, em 2002, concluí que o relato de minhas lembranças dos anos 60 estava encerrado. Contudo, não foram poucos os leitores que postularam sua continuação: se eu pudera narrar as tribulações que tivera em Moscou no tempo dos sovietes, por que deixaria de narrar as daqui mesmo, ao voltar da Rússia em plena ditadura militar?

Eu hesitava, essas lembranças já não me motivavam e isto, a rigor, significava para mim a impossibilidade de produzir literatura, como pode ter sido o caso da obra citada.

Ultimamente, comecei a mudar de ideia. Ainda não me sentia pronto para a dita continuação – tampouco me sinto agora –, mas considerei que, mesmo sem a arte da escrita, talvez ela pudesse contribuir para que as pessoas não se esquecessem de nossa história no período 1964-85, justo num momento em que cresce a desmemória nacional. Preferi não revelar nomes de certas pessoas para não constranger seus descendentes.

Sergio Faraco
Julho de 2024

SUMÁRIO

I

ALCAGUETES DE PROVÍNCIA

Em minha primeira semana em Alegrete, recém-chegado da União Soviética, meu pai recebeu em seu comércio telefonema de um oficial do 6º Regimento de Cavalaria, exigindo meu comparecimento ao quartel para ser interrogado.

Era março de 1965.

Já esperava ter problemas no retorno ao Brasil, louvado no que soubera no ano anterior, em Moscou, nos meses subsequentes ao Golpe de 1º de abril. Relatos de membros do Partido Comunista Brasileiro que conseguiram deixar o Brasil, optando pelo exílio na União Soviética, descreviam graves atentados contra os opositores do regime.

Uma fonte impressa confirmava estas notícias. Segundo a agência Prensa Latina, em 4 de abril o comandante da Base Aérea de Canoas, coronel-aviador Alfeu de Alcântara Monteiro, aos 42 anos, tinha sido assassinado por oficiais golpistas que foram à base para destituí-lo. Era a primeira vítima fatal da ditadura militar.*

O coronel tinha muitos amigos e simpatizantes e um número não menor de inimigos e antipatizantes: em 1961, à frente de alguns oficiais e sargentos da base aérea, não permitira que os aviões decolassem para bombardear o Palácio Piratini, de onde o governador Brizola comandava a defesa da legalidade.**

---

* Deram-lhe dezesseis tiros, pelas costas.

** a) A Comissão Especial criada pela Lei nº 9.140, de 4 de dezembro de 1995, reconheceu a responsabilidade subsidiária da União pelo seu assassinato e concedeu aos familiares uma indenização simbólica. A cidade de São Paulo deu seu nome a uma rua no bairro Jaçanã. Em Canoas, onde serviu e foi morto, há um logradouro denominado Praça Coronel-Aviador Alfeu de Alcântara Monteiro.

b) Quando menino, conheci Alfeu, que então, calculo, seria capitão-aviador. Embora ele tenha nascido em Itaqui, tinha familiares com residência fixa em Alegrete, a meia quadra da casa de meus pais. Entre eles, sua irmã Lucy Monteiro, amiga da minha mãe desde os bancos escolares. Alfeu, ou Beu, como o chamavam na intimidade, era um intrépido, habilidoso e temerário aviador. Quando vinha visitar a família, costumava praticar rasantes com o T-6 para avisar de sua chegada, isto depois de cruzar debaixo da ponte do rio Ibirapuitã ou, numa grande curva, aventurar uma asa entre as torres da igreja matriz.

A agência cubana também divulgara que o dirigente comunista e ex-deputado federal Gregório Bezerra, de 64 anos, fora arrastado pelas ruas do bairro Casa Forte, em Recife, com uma corda em volta do pescoço, enquanto um coronel do Exército Brasileiro instigava os populares a linchá-lo; que em quartéis e delegacias de polícia eram banais as sevícias para obter confissões; e que muitos presos políticos tinham sido lançados ao mar por aviões militares, para que os corpos não fossem encontrados.

Essas resenhas procediam de um órgão ideologicamente comprometido, mas nem por isso eram menos assustadoras para quem chegava do exterior e não dispunha de outros meios de informar-se. Tal possibilidade de tormentos físicos ou psicológicos indicava que minha volta ao Brasil poderia não ser o último e auspicioso capítulo da desastrada aventura que tivera num manicômio soviético, antes a reprise.*

As visitas que recebi terão respondido, ao menos em parte, pelo interesse do regimento. Os oficiais das unidades lá sediadas frequentavam o Clube Cassino, do qual meus familiares e amigos eram sócios. Num clube de interior, muito se fala do próximo e curta é a vida dos segredos. Aos mexericos somou-se uma cena entrevista por colaboradores do regime,

---

* v. *Lágrimas na chuva.* Porto Alegre: L&PM, 2002 (várias edições). Em 2011, nova edição na Coleção L&PM Pocket.

mais tarde citada em meu prontuário na 2ª Seção do III Exército como prova de minha militância no PCB e na subversão.

Transcrição parcial ipsis verbis

Durante o tempo que esteve em ALEGRETE, entrou em contato com os comunistas: VALENTIM TRINDADE, fazendeiro e funcionário da Secretaria da Saúde – Posto de Higiene naquela cidade, e HONÓRIO CAMPOS PERES, este residente em PORTO ALEGRE.

Como de praxe nas denúncias da época – em que o vil denunciante, para estadear-se ante os órgãos repressivos, agravava o que entrevira –, o registro era uma versão especiosa de algo que efetivamente ocorrera.

Naquela semana, por cautela, não saía à rua, na esperança de que notícias sobre mim não entrassem nos quartéis. Vívidos em minha lembrança estavam os três meses de isolamento compulsório no Hospital do Kremlin, e então eram dias que me agastavam em minha própria casa, dias vagarosos, trôpegos dias, e uma noite, ao despertar pouco antes do amanhecer e desejando espairecer, quis dar um breve passeio pela vizinhança.

As ruas ainda estavam desertas e eu caminhava à toa, aprazendo-me com amenas lembranças da adolescência, quando percorria aquelas mesmas ruas para as aulas no Colégio Oswaldo Aranha ou para gazeteá-las e ir jogar sinuca com os garçons do Clube Cassino.

Ao passar defronte à casa de um amigo de nossa família, Valentim Campos Trindade, dei com o próprio abrindo uma janela.*

Valentim era um velho comunista. Seu comunismo era uma ideologia, por assim dizer, de práxis restrita - que eu soubesse, nunca promovera atividades político-partidárias –, mas recomendava a prudência que o evitasse. Apressei-me, cabeça baixa, mas ele me reconheceu, chamou-me pelo nome e, até pela vergonha de ter medo, aceitei o convite para entrar.

Valentim soubera de meu regresso e queria conversar sobre o cotidiano num país socialista, experiência que jamais tivera e supunha ser grandiosa. Pouco me lembra o que foi dito e comentado, mas estou certo de tê-lo poupado do que o magoaria. Era uma conversa casual entre dois zumbis, desfastio de quem espreitava o amanhecer, mas fomos vistos por um delator e ele julgou que, na hora em que cantavam os galos num modorrento casario da campanha gaúcha, fervilhava um perigoso conciliábulo capaz de abalar os fundamentos da "revolução".

A ligação do quartel veio em seguida.

---

* Em Alegrete, há uma rua com o nome dele.

II

OS HERÓIS MORREM CEDO

– Não é um convite, é uma intimação – disse meu pai. – Vai lá e esclarece tudo.

Ele entendia que, nas circunstâncias, não convinha ignorar uma ordem militar. Vai lá e esclarece tudo. Mas não havia o que esclarecer, só o que confessar, danando antigos camaradas, se a tanto fosse compelido por não resistir a maus-tratos: um amigo me prevenira que, no dito regimento, servia um tenente, natural de Alegrete, que durante os interrogatórios costumava espancar barbaramente os conterrâneos.

Meu propósito não era apenas ignorar a intimação, era também me ocultar no município de Itaqui, onde meu avô materno, Pedro de Azevedo Conceição, era fazendeiro. Já se esgotava a licença funcional que obtivera para viajar, mas, naquela aflição, a mim me parecia preferível perder o emprego a perder a liberdade e, de quebra, apanhar dos cavalarianos. Contudo, carecia de recursos para deixar a cidade, e meu pai, por discordar da fuga, não quis provê-los.

Passado o choque de quem se vê diante do que tanto receou, pude concluir que, defrontadas as cominações que poderiam ou não advir, era melhor obedecer. Tinha em mente a função pública que exercia. Servidor concursado do Tribunal Regional do Trabalho, desde os 21 anos era Chefe de Secretaria da Junta de Conciliação e Julgamento de Blumenau, em Santa Catarina.* Não devia abrir mão do que alcançara por mérito. Estava negociando a alma? Acatando uma ordem militar para não perder proventos? Talvez, mas a vida das pessoas comuns, em regra, não é feita de gestos heroicos, e os heróis morrem cedo, como o coronel Alfeu.

Também compreendi que o refúgio rural não seria uma vilegiatura: estaria me despedindo do cargo e, ao mesmo tempo, submetido a uma bucólica prisão. Além do mais, qualquer coisa que me sucedesse em Alegrete poderia ser, sim, a reprise de minhas provações em Moscou, mas dificilmente seria pior.

E não foi.

---

* Hoje Diretor de Secretaria. E as juntas agora são varas. Na época, o TRT da 4ª Região, com sede em Porto Alegre, jurisdicionava Rio Grande do Sul e Santa Catarina.

Foi bem menos.

Um tipo de anticlímax.

Não fui preso ao subir a colina onde se situava o regimento, nos arredores da cidade. Quem me esperava não era o malfalado tenente, mas um capitão, Fernando Bezerra, que eu conhecia de vista por ser casado com uma alegretense.

O sargento datilógrafo me ofereceu café.

Pude acender um cigarro.

Não era um interrogatório *stricto sensu*, mas perguntas genéricas, padronizadas, para que fosse delineado o que o oficial chamou de "perfil psicológico". Neguei o que podia negar e aleguei desconhecimento ou indiferença sobre tudo o que se relacionava com economia, filosofia, história e, sobretudo, política. Amigos? Não os tinha em Alegrete. Meu maior interesse? O noticiário esportivo. O capitão me olhava, talvez a se perguntar o que esta criatura foi fazer na Rússia, se agora, voltando, vem falar de futebol.

Ouviu minhas respostas sem questioná-las e as ditou ao sargento, dispensando-me. Quando me levantei, entrava na sala outro oficial e o capitão disse:

– Venha ver este depoimento.

Suponho que quis mostrar ao colega alguma resposta mais pitoresca, além das esportivas.

Ainda em março, meu pai me levou à estação ferroviária. Eu ia me apresentar à Administração do tribunal, em Porto Alegre e, logo que possível, a Blumenau reassumir o cargo.

Enquanto esperávamos o trem de Uruguaiana, ele foi abordado por um capitão reformado e pequeno fazendeiro que, na voz corrente, não primava pela inteligência, menos pela cultura, e malbaratava seu ócio nas rodas de pife do Clube Cassino. Conversaram em voz baixa. Depois meu pai contou que o capitão dissera ser agente do SNI* e, em atenção à amizade entre nossas famílias – e nossas famílias jamais foram amigas –, nada relataria sobre meu *suspeito* deslocamento para a capital. Mentira dele, comentou meu pai, e concordamos em que os arquivos do SNI seriam uma calamidade se fossem depender de relatórios de um agente dessa plana.

---

* Serviço Nacional de Informações.

III

OUTRO QUARTEL

Esperava seguir em breve para Blumenau, mas no tribunal me deparei com uma novidade: ia trabalhar numa seção administrativa e aguardar novo destino. Titular de cargo isolado de provimento efetivo, só podia ser removido se, a pedido ou no interesse da Administração, fosse ocupar cargo igual em outra junta, e aquela remoção era para lugar nenhum. Uma das razões de dito "interesse" eu só compreenderia mais tarde, quando tive acesso a papéis que remontavam a 1964. Em 20 de outubro daquele ano, enquanto me encontrava em Moscou, um pasquim blumenauense, *Ronda*, publicara uma nota a meu respeito, em linguagem propriamente estado-novista:

Transcrição parcial ipsis verbis

Faraco está implicado no movimento vermelho que desejava se instalar no país, e teve sua vida levantada logo após a revolução por oficiais do 23º Regimento de Infantaria. Como simpatizante do credo vermelho e implicado em suas maquinações, foi excluído do Bela Vista Country Club a 11 de junho próximo findo, logo após informações do comando aqui sediado.

Acrescentava que eu era considerado um "intelectual comunista" e, na Rússia, cumpria "estudos doutrinários". Um delator - sempre havia um - enviara o jornal ao presidente do tribunal, Carlos Alberto Barata Silva, que por isso me afastara de Blumenau, suponho, para preservar juiz e funcionários de minha deletéria companhia, ao mesmo tempo em que dava uma satisfação aos militares preocupados com o *perigo* que eu representava.

Uma irmã de meu pai, Iolanda, residia no Hotel Carraro, na avenida Otávio Rocha, cujos andares superiores eram residenciais. Tia Iolanda não tinha filhos e nutria um amor maternal pelos sobrinhos. Ela conseguiu para mim, graciosamente, um apartamento vazio do último andar, e ali me instalei com um catre, um colchonete e meus escassos pertences. Era uma acomodação provisória, de repente poderia reaver meu cargo, por certo no interior, as juntas da capital estavam com seus chefes em pleno exercício.

Em abril, defronte ao Palácio da Polícia, onde fora buscar a carteira de motorista, inesperadamente encontrei-me com um membro do Partido, Antônio Augusto Ruschel,* que estivera comigo em Moscou e tinha sido o brasileiro que mais me atormentara naquele *annus horribilis.* Assustou-se ao me reconhecer, isto porque, quis se explicar, estava atuando na clandestinidade.

Estranhei:

– E na vizinhança do DOPS, camarada?

Ruschel não gostou, entendeu que eu sugerira sua conexão com a polícia e retomou antigas censuras ao meu comportamento "provocador". Parecia ainda estar em Moscou, na reunião em que me acusou de ser responsável pela morte do companheiro Lindoval Alves de Lima.** Encerrou o deslocado discurso frisando que sempre soubera que eu jamais seria um verdadeiro comunista.

---

* (1929-1994).

** v. *Lágrimas na chuva*, 9. Eu comentara no alojamento que, no Porto Norte (Ciéverni Port), havia navios que alugavam cabines para casais. Lindoval embarcou com dois amigos e quis dar um mergulho no Canal Moscou, que tem muitos metros de profundidade. O canal liga o rio Volga ao rio Moscou, é navegável e foi inaugurado por Stálin em 1937.

– Mas eu era – eu disse –, agora não sou mais.

Ou talvez ainda fosse um pouco, sem o saber: a despeito de seus discursos, não pude me esquivar de ser solidário com suas provações materiais.

Nunca mais o vi.

Tempos depois, tive notícias dele pelo livreiro Leandro Telles, que o conheceu: Ruschel costumava dizer que agora compreendia por que, em Moscou, eu fazia troça dos livros soviéticos de História e apregoava que o passado da URSS era atualizado a cada vez que empolgava o poder um novo grupo dirigente. Ruschel não lembrou, mas eu também dizia que a corrupção era inteligível em Cuba, cuja revolução tinha cinco anos, mas não na União Soviética, que tinha cinquenta.

Em maio, fui designado para a recém-criada junta de Tubarão. No final do mês estive na cidade para escolher o prédio onde a repartição funcionaria e aproveitei para ir a Blumenau, onde deixara dinheiro na conta de um colega, Milton Guimarães Bernardes, e livros, documentos, cartas e outros papéis com um amigo que ainda agora é meu amigo, o escritor catarinense Roberto Gomes, hoje residente em Curitiba.

Com o surto de denuncismo que havia no país, minha presença na cidade foi sinalizada ao 23º Regimento de Infantaria. Os militares não me acharam, eu me hospedara em humílima pensão de cidade próxima, Indaial, e foram atrás do Juiz do Trabalho, Eddie Grossenbacher, com o qual, acertadamente, supuseram que eu falaria. E o juiz, tão pronto nos vimos, avisou que um major do regimento queria por força me inquirir. Pudera obter do oficial a promessa de que, se me apresentasse, seria bem tratado. Eu conhecia Eddie Grossenbacher desde 1962. Ele estava na presidência da junta quando fui para Moscou. Era um homem íntegro, afável, um cavalheiro, numa cidade em que preponderava uma raivosa extrema direita, para não dizer coisa pior. Por confiar nele, compareci novamente a um quartel.

IV

OS MAUS INSTINTOS FOLGAVAM

A palavra do juiz se cumpriu. Não houve violência, não houve pressão, mas foi uma inquirição espinhosa. Não era genérica, como a do regimento de Alegrete, eram perguntas específicas que dificilmente permitiam subterfúgios.

Em 28 de maio, a um major que, em minha lembrança, poderia chamar-se Ênio, dei um depoimento que só não foi totalmente sincero porque entremeado de pequenas mentiras, das quais não tirava proveito algum, mas que aproveitavam a outros, como chamar *Justino* e *Paulo* aos companheiros da viagem de volta, cujos verdadeiros nomes eram Heládio e Joaquim, ambos de São Paulo, ou proteger o sobredito Antônio Augusto Ruschel ao chamá-lo de *Alberto*.

Assim como o capitão de Alegrete, o major de Blumenau não fez objeções às minhas respostas, limitando-se a registrá-las, mas a partir delas fez novas perguntas. Foi um longo depoimento. Tive acesso ao seu conteúdo nos últimos anos do século, por meio de cópia lavrada em 27 de setembro de 1965, em Porto Alegre, pela 2ª Seção do III Exército, e classificada com um carimbo vermelho: SECRETO. O registro (ou sua cópia) troca datas, expressões que usei e dadas circunstâncias, mas geralmente é fiel:

Transcrição parcial ipsis verbis

Permaneceu cerca de 25 dias em Praga, a fim de cumprir o roteiro fixado pelas autoridades soviéticas, tendo depois seguido para Paris, via Zurique, onde permaneceu 5 dias, tendo depois viajado para Buenos Aires, sendo aí detido pela polícia em face de não ter sido seu passaporte visado em Paris pelas autoridades argentinas. Após dez horas de detenção no aeroporto de Buenos Aires, a sugestão feita pela VARIG foi a de que arriscasse a viagem a Montevidéu, tendo a viagem sido feita com mais dois companheiros que usavam os pseudônimos de JUSTINO e PAULO, sendo que o responsável era Justino, que levava os passaportes dos três, razão pela qual não conhece seu verdadeiro nome. De Montevidéu viajou para Rivera, por onde entraram no território nacional, tendo os passaportes ficado em poder de um cidadão de Rivera ou Santana do Livramento, de onde seriam remetidos para a Rússia. Em reunião realizada entre os três para decidirem o que fazer, ficou acertado que iriam para Porto Alegre, com o que não concordou o depoente, por possuir seus pais em Alegrete, para onde viajou. Após foi para Porto Alegre, onde, cerca de um mês depois, encontrou um companheiro com o qual estudara em Moscou. Após conversar com o mesmo, discutiu e se desentendeu por ter declarado que não tinha nenhum compromisso com o Partido, pelo que foi repreendido por esse companheiro, de pseudônimo ALBERTO.

Ao deixar o regimento, felicitei-me por ter superado outro obstáculo. Tanto quanto permitia meu pudor, decerto. Se tantas pessoas tinham padecido, ainda padeciam e padeceriam em quartéis e cárceres do Brasil, como eu pudera escapar tão facilmente? Minha purgação por não ser fascista seria apenas a remoção funcional para o limbo, dois dias de minha vida perdidos em quartéis e a expulsão de um clube social de segunda linha?

De volta a Porto Alegre, para já perceberia que meus amanhãs não seriam tão amenos. Tanto em Alegrete como em Blumenau obedecera à intimação nos dias em que os maus instintos estavam de folga e fora interrogado por pessoas civilizadas – até porque as há, entre os militares. Escapara por acaso, como as ovelhas schopenhauerianas que o lobo não pega.

V

O CHEFE DA GUARDA

Para a junta de Tubarão também foram nomeados os funcionários e o juiz-presidente – Paulo Affonso di Jesú Marques era o nome dele – e no tribunal tivemos uma reunião na qual se ajustou que, no dia seguinte, partiríamos todos para aquela cidade, onde eu já estivera uma segunda vez para levar material de expediente.

Após a reunião, sem ter o que fazer, fui ao plenário do tribunal, onde os juízes* apreciavam causas em segunda instância. Ao meu lado, na plateia, sentou-se um homem de meia-idade que eu não conhecia. Apresentou-se como Chefe da Guarda Judiciária, sabia meu nome e que eu recém voltara de Moscou. Alegando curiosidade por aspectos distintivos do regime

* Hoje desembargadores.

soviético, fez umas poucas perguntas, que respondi com generalidades – algumas coisas boas, outras nem tanto –, e se retirou. Em seguida também saí e o vi novamente no corredor de acesso ao plenário. Estava falando pelo telefone público do andar.

Esperei o fim do expediente no edifício onde operavam as juntas de Porto Alegre, a meia quadra da sede do tribunal. Fora na secretaria de uma delas, a Terceira Junta, que em meus dezoito anos eu aprendera todas as tarefas cartoriais.

Ao entardecer, no longo e movimentado corredor do térreo que ia dar na avenida Júlio de Castilhos, vi outra vez o Chefe da Guarda. Eu caminhava para a porta de saída e ele caminhava atrás de mim. Tive um sinistro pressentimento, mas não quis admitir que um funcionário subalterno estivesse relacionado com algum mal à minha espera. E que espécie de mal? Com tantas pessoas testemunhando? Ainda assim me ocorreu recuar, tomar o elevador, mas aonde iria? Não havia como retornar aos andares superiores, eram dependências de uma repartição pública que já fechava suas portas. E continuei caminhando.

Em meu primeiro passo na calçada, dois homens me seguraram, um em cada braço, identificando-se como agentes da Interpol. Tentei me libertar, mas um dos braços me foi torcido às costas, fazendo com que me curvasse e fosse ao chão. E a dor me fez protestar em alta voz. Colegas, advogados, transeuntes entreparavam e olhavam para trás com algum disfarce, como a dizer: "Estou olhando, mas não estou vendo, OK?".

– Não faz escândalo – disse um dos policiais –, ninguém está interessado nos teus gritos.

O Chefe da Guarda estava à porta, observando. Mais tarde me disseram que ele era um ex-policial, mas quero supor que estava ali por acaso, no cumprimento de suas obrigações.

No outro lado da avenida, tive de entrar num Fusca bordô, onde aguardavam o motorista e outro homem. Os dois policiais, ambos robustos, sentaram-se no banco traseiro, espremendo-me no meio. Levaram-me para um sobrado de dois pisos na rua Duque de Caxias, nº 1705, quase defronte à Praça do Portão. Era a sede da Interpol, prédio que, mais tarde, seria demolido para dar lugar a um edifício. Deixaram-me encerrado numa peça do piso superior, de parco e arruinado mobiliário: a escrivaninha, a máquina de escrever, a cadeira almofadada e três ou quatro cadeiras comuns. Para me vigiar, foi chamado um guarda-civil. Finalmente, acabava a angústia de não saber quando seria preso. Começaria uma outra. Chegara a minha vez.

VI

AMEAÇA À MEIA-NOITE

Eu continuava ocupando o apartamento vago do Hotel Carraro. Eu e minhas alfaias: o catre, o colchonete, a pilha de roupas sobre a toalha, as caixas de papelão com o que trouxera de Blumenau, a mala que ainda não fizera para a viagem a Tubarão. Os policiais foram até lá e, tirante as roupas, recolheram tudo o que encontraram, parte na mala e outro tanto em trouxas amarradas com as mangas de minhas camisas. Despejaram o butim sobre a escrivaninha.

E tu vendo aquele despejo do que era teu.

Folhearam os livros à procura de papéis ocultos, os cadernos onde eu rascunhara meus primeiros contos e uma coleção de fragmentos que, 37 anos depois, teriam avivado minha memória ao escrever *Lágrimas na chuva*. Empurraram os livros para o chão e colocaram numa sacola documentos, rascunhos, cartas, fotos, levando-a para outra peça.

E tu vendo.

E quando vês teus pertences em mãos prevalecidas, abusivas, quando vês o esbulho de tua privacidade, te sentes do avesso e, naquelas mãos, te tornas um nada que compreende tudo o que te identifica e até teu nome.

* * *

Mais tarde, oito ou nove da noite, vieram perguntar qual o meu parentesco com o Secretário da Segurança Pública, tinham encontrado um cartão natalino que ele me enviara. O Secretário era o coronel Washington Bermúdez, que um ano depois veria alguns de seus subordinados envolvidos no rumoroso caso do ex-sargento Manoel Raimundo Soares, cujo corpo foi encontrado à deriva no Rio Jacuí, com as mãos amarradas às costas. Bermúdez era casado com uma irmã de minha mãe.*

– Meu tio – eu disse.

O Comissário era alto, trigueiro, forte, nariz afilado, bigode fino, óculos de lentes esverdeadas que usava também à noite. O outro era o Escrivão, gorducho calvo de baixa estatura e olhos ariscos cujo

---

* Ele continuaria a me enviar cartões de Natal até seu falecimento, em 2006.

semblante me parecia familiar. Acompanhava-os um terceiro homem, o mesmo que, diante do tribunal, esperava no carro com o motorista, e era um delegado cujo nome não foi dito e eu não tornaria a ver depois. Os dois primeiros me seguraram pelos braços e me conduziram para a rua. Outra vez no Fusca, constrito entre o Comissário e o Escrivão.

Seguíamos para a Zona Norte e uma das lembranças que conservo é a de invejar as pessoas nas calçadas, nos automóveis, nos bondes, nos ônibus. Invejava-lhes o dia a dia descomprometido, sem estigmas, de quem nunca militara na política e muito menos em partidos interditos. E tinha pensamentos sombrios. Passavam-me pela mente a ponte sobre o Guaíba e o que se dizia sobre os aviões que lançavam ao mar seus desgraçados passageiros.

Tinhas medo.

A atmosfera em que respiravas tu, preso político, era rarefeita, opressiva, tanto mais ominosa quanto mais conhecias o barbarismo da história recente e ninguém poderia estranhar por temeres por tua vida. Um preso político, naquele ano e nos seguintes, era um prisioneiro de guerra.

– Pra onde estão me levando – perguntei ao Comissário.

– Pra comer, sobrinho.

Passara a me chamar assim após saber de meu parentesco.

– Mas por que na Zona Norte?

Não respondeu, mas era, sim, uma churrascaria. Se o susto ficou para trás, o medo persistia e não pude comer. Pedi para ir ao banheiro e o Delegado mandou o motorista me acompanhar. Em nenhum momento o pobre homem me deu as costas. Sua disposição corporal era de manifesta defesa. Desconhecia o motivo da prisão, quem sabe, e devia achar que eu era um indivíduo perigoso, a ponto de mobilizar a polícia internacional.

– Estou com mais medo do que tu – eu disse, para tranquilizá-lo.

Ele murmurou algo ininteligível e não se desarmou.

De regresso, estacionaram o carro defronte à residência de meu tio, na rua Sarmento Leite, casa em que, inúmeras vezes, eu estivera de visita e onde me hospedara em 1962, antes da mudança para Blumenau. Passava da meia-noite. O Delegado desembarcou. Se a intenção era comunicar ao Secretário a prisão do sobrinho, podia tê-lo feito mais cedo. Terá retardado a visita de propósito, para dar-se ares: depois da meia-noite as notícias menos boas são mais graves e perturbadoras.

Ao retornar, perguntou, com uma risota:

– Quer saber o que disse o titio? – permaneci em silêncio e ele acrescentou: – O titio disse: "Segue o baile".

Jamais acreditei, tampouco acredito que meu tio tenha proferido semelhante boçalidade. Era para intimidar, penso eu. Contudo, ignoro o que falaram. Em diversas ocasiões, nos anos seguintes, eu conversaria com meu tio e também com minha tia, mas nem uma só vez sobre a prisão, uma espécie de acordo tácito de mantê-lo à margem da família. Suponho – e quero frisar, são suposições – que para ele, dada sua posição no governo estadual e com seu nome cotado para governador biônico do Estado, teria sido embaraçoso mandar soltar um sobrinho dito comunista. Suponho também que tenha autorizado os policiais a tomarem meu depoimento, recomendando que me tratassem com decência. Não foi obedecido e, penso também, não soube da desobediência.

VII

SEGUE O BAILE

A luz permanecia acesa, não me permitiram desligá-la. Para não dormir no parquê poeirento, onde já vira baratas e sentira a ofensiva das pulgas, encostei as cadeiras uma na outra. O sono fugia e não só pelo desconforto. Entrava a madrugada e os policiais não tinham ido embora. O que aconteceria? Começariam o prometido baile?

Tentava me animar com reflexões otimistas que também eram perguntas com incertas respostas. Se sobrevivera entre estranhos hostis num país longínquo, por que haveria de temer em meu país, perto da família e de muitas pessoas que me queriam bem? Se antes me inquietara e nada houvera. E aquele tio, o Secretário, não era o mesmo que, em Itaqui, em meus treze anos, ensinara-me a dirigir automóvel?

Veio o sono, por fim, tão leve que a cada tanto escapulia. Se não eram os incômodos lombares, eram os sobressaltos com ruídos que não sabia de onde vinham. E então alguém me tocou no ombro e despertei atordoado, custei a reconhecer o lugar, o Escrivão, atrás dele o Comissário.

Era a primeira valsa.

A primeira daquele baile, num modesto salão iluminado por lâmpada de escassos watts. A banda, um dueto. O Comissário nos metais, a perguntar, e o Escrivão na bateria, datilografando. A Interpol me tirava para dançar.

Naquela noite, dancei conforme a música.

Pertencera ao PCB? Sim, fora por indicação do Partido que viajara para Moscou. E que serviços, ainda em Blumenau, prestara à "causa"? Pagava a mensalidade, adquiria produtos diversos que o Partido vendia para fazer caixa, como flâmulas de Cuba com a imagem de Fidel Castro e outros objetos, e era tal a minha participação, consoante as anotações que eles tinham apreendido e lido.

Quanta ironia: os delegatários da ditadura faziam perguntas semelhantes àquelas que os camaradas me fizeram na sede do Partido, no Rio de Janeiro, para ver se merecia ir para Moscou.*

A valsa foi curta.

---

* v. *Lágrimas na chuva*, I.

Era só a abertura.

Deixaram-me dormir novamente e dormi no chão, apesar das pulgas, pois machucara as costas nas cadeiras. Serviam-me de travesseiro alguns livros, um deles *Por quem os sinos dobram*, e ainda hoje me pergunto se não será por isso que sempre amei o velho Hemingway.

De manhã, pela janela, pude ver o pátio do sobrado. Um grande abacateiro, muito próximo, fez-me esgrimir com a ideia de escapar. Se o guarda fosse ao banheiro, poderia abrir a janela, descer pela árvore e, cruzando outros pátios, alcançar a rua. Não era um recurso concludente, teria de me haver com a vizinhança assustada e talvez com seus cães de guarda, isto se conseguisse ultrapassar altos muros. Era só uma fantasia desesperada e não era o caso de desesperar. Mas desesperava e me defendia do desespero com as mesmas esperanças que nutria nas mais dolorosas noites do Hospital do Kremlin: aquilo haveria de passar e um dia me lembraria daquele lugar e da polícia como de um passado remoto, tal qual se o protagonista fosse outro.

Exatamente como escrevo agora.

VIII

ATÉ A NOITE, SOBRINHO

O segundo dia foi o único em que me interrogaram durante o expediente. O Escrivão à máquina, o Comissário e eu defronte à escrivaninha e, em dado momento, houve um descompasso entre a música e a dança, o Comissário não acreditou numa das minhas respostas e passou a me pressionar com crescente aspereza. Mantinha no regaço o revólver empunhado. Quando eu negava ou silenciava, batia com a arma no tampo da mesa e elevava a voz, exigindo as respostas que esperava.

Naquele descompasso figurava o advogado Francisco José Pereira, prócer comunista e meu melhor amigo em Blumenau. Francisco me indicara ao Partido para o curso em Moscou. O Comissário dizia manter contato com policiais catarinenses e, por isso, estar ciente de que, naquela cidade, eu operava junto ao "chefe comunista" em Santa Catarina, vulgo *Chico Comuna* ou *Chico Vermelho*, e tinha encontros sigilosos com um dirigente do Partido Socialista Brasileiro, o advogado Herbert Georg.

Não era verdade.

Não é verdade, eu repetia, minha relação com o Partido era a descrita em minhas anotações. Não atuara com Francisco em movimentos grevistas, prática que conflitava com meu cargo, não cumprira tarefa alguma e tampouco Francisco as encomendara, por respeitar meus limites de atuação. Com o advogado do PSB estivera duas vezes, a convite dele. Para reforçar as finanças da agremiação, desejava me vender livros de economia e política que vinham da República Democrática Alemã. E eu comprava, como também comprava canetas, chaveiros, calendários, cadernetas e as indefectíveis flâmulas cubanas de Francisco. As flâmulas tinham alguma serventia, eu as pendurava na parede de meu quarto de hotel. Os livros, nenhuma. Eu não lia em alemão.

Coincidência ou não, desta matéria também se ocupava a 2ª Seção do III Exército, como se lê no Pedido de Busca nº 416-E2/65:

Transcrição parcial ipsis verbis

> *SERGIO CONCEIÇÃO FARACO, elemento considerado comunista e que esteve ligado intimamente ao cabeça comunista de Blumenau, dr. Francisco José Pereira, ocupa cargo de Secretário na Justiça do Trabalho, estando atualmente em Porto Alegre onde aguarda a organização da junta DE CONCILIAÇÃO E JULGAMENTO de TUBARÃO, onde exercerá o cargo. Esteve igualmente ligado a Georg Herbert, membro do Comitê Municipal do PCB em Blumenau sendo substituto eventual da chefia do citado Comitê.*

E quando, para convalidar o que declarava ao Comissário, aludia ao que escrevera, ele duvidava de que fossem sumários de um futuro livro e os interpretava como ardis de alguém que pretendia mascarar suas culpas. Ou seja, acreditava que aquilo tinha sido escrito para ser lido por policiais e militares. Considerava-me, sem o saber, um redivivo Alvarenga Peixoto, o pusilânime poeta que, em 1789, sabendo que seria preso, fez e guardou um poema em homenagem ao Visconde de Barbacena, justo a autoridade que o mandaria prender.

E insistia, o Comissário.

Como eu podia negar o que era já de seu conhecimento? Confiava no parentesco com o Secretário? Que contasse o que escondia e o fizesse de uma vez, pois de um jeito ou de outro acabaria contando. E adotou um novo e brutal sistema de interrogar, uma estreia que não foi tão longa como ele gostaria: aquilo ocorria no meio da tarde e outras pessoas, quem sabe até na rua, poderiam ouvir meus gritos.

Antes de retirar-se, firmou o revólver em minha têmpora.

– Até a noite, sobrinho.

Vendo-o sair, eu disse ao Escrivão:

– Isso não se faz.

O Escrivão achou graça:

– Ele está brincando.

IX

O AMIGO DO BECO DO OITAVO

À noite, retornaram. Insatisfeito com minhas escassas práticas políticas, que pouco ou nada concorriam para o perfil de um legítimo pró-homem do "movimento vermelho que desejava se instalar no país" – assim dizia o pasquim blumenauense –, o Comissário agora descurava minha história para se concentrar nos camaradas que tinham embarcado comigo no Galeão, no princípio de 1964, e clamava por seus nomes. Nunca soube, eu respondia, em Moscou usávamos pseudônimos. Mentira! Os nomes, quero os nomes! E nisso ficávamos. Mudavam os termos. Perguntas e respostas não mudavam.

Longa, tensa, dolorosa disputa.

O Comissário foi embora, mas o Escrivão não o acompanhou, queria conversar e parecia que, no entendimento dele, minutos antes nada acontecera. Conhecia-me, tinha certeza, não se recordava de onde. Da avenida André da Rocha, quem sabe? Pode ser, eu disse, morei no Edifício Temperani, esquina com a Travessa Tuyuty. Ora, certamente é de lá e como é que você, meu amigo, foi entrar nessa encrenca?

Agora eu era seu amigo.

O Escrivão não mentia e assim se confirmou a impressão inicial que tivera dele. Fôramos vizinhos nos anos 1959-61, almoçávamos na mesma pensão de Dona Madalena, na rua 24 de Maio, compartilhando a grande mesa com o jogador gremista Gessy Lima, comprávamos cigarros no mesmo Bar do Português e frequentávamos as mesmas pistoleiras que faziam ponto nas escassas quadras daquela avenida, isso num tempo em que o país era livre, confiado no sorriso de Juscelino, e chegavam as primeiras e assombrosas notícias de Cuba e de Fidel. E pude até me divertir quando ele perguntou se minhas lembranças incluíam a Jurema. Incluíam, sim, como não? Havia uma sentença entre os estudantes da zona: "Se Jurema tá com blenorragia, toda a zona tá".

– Aquilo ainda era o Beco do Oitavo – ele disse, referindo-se ao meretrício e aos prostíbulos que afamavam aquele logradouro, antes da Administração Loureiro da Silva em Porto Alegre.

O Escrivão conhecia moradores do bairro que eu também conhecia, como o futuro arquiteto e empresário Flávio Scaf, o músico e depois Procurador da República Marco Aurélio Vasconcellos e até meu primo Plauto Faraco de Azevedo, que dividia comigo o apartamento e viria a ser professor na Faculdade de Direito da UFRGS, autor de diversas obras com foco em sua especialidade. Naquele aperto, essas inesperadas sincronias induziram-me a ver no Escrivão uma referência afetiva, quase uma garantia de que podíamos conversar num clima de cordialidade e confiança. De nomes, certamente não falamos, mas falamos, sim, da "encrenca" em que eu entrara, isto é, de Blumenau, de meu trabalho, do convite de Francisco, do embarque para Paris num 707 da Air France.

Amanhecia.

O Escrivão alinhou as cadeiras para que eu deitasse. Avisei que ia dormir no chão, ele prometeu que pediria autorização para trazer uma cama, ao menos um colchão com uma coberta, e mandou o guarda buscar uma almofada em outra dependência, tão suja e malcheirosa que continuei elegendo Hemingway como travesseiro.

X

O ESTATUTO DA ROTINA

A cama não veio. Tampouco o colchão e muito menos a coberta. Nas horas de sossego adormecia de qualquer jeito, até sentado no piso, encostado na parede. E estava bem resfriado, à noite a peça gelava e minha roupa era a mesma do dia da prisão – camisa de mangas compridas e calça de brim –, própria para uma tarde ensolarada dos primeiros dias de junho e não para as noites em que, no chão, abraçava as pernas dobradas em busca de calor.

Também me afligiam as pulgas. Despia-me, sacudia as roupas, em seguida elas atacavam outra vez. Tinha um corte no rosto, obra do anel que imitava o rubi dos bacharéis em Direito, tinha os lábios inchados e me doíam as articulações do maxilar e os músculos do pescoço.

Forçosamente, enfronhava-me nas cláusulas da rotina. Telefone, nem pensar. Não devia falar com os guardas, um diferente a cada dia, exceto para ir ao banheiro. Mas não podia tomar banho, não havia torneira no chuveiro, só o mecanismo embutido na parede.

Água, bebia na torneira da pia.

A comida era sempre a mesma e era boa. De posse da minha carteira, usavam meu dinheiro para trazer bife com arroz da Confeitaria Rocco. Janta, nunca. Nem café da manhã. Eu esperava o almoço com a fome de quem sabia que não haveria de comer até o dia seguinte.

XI

O HOMEM BOM

Na terceira noite, não veio o Comissário, veio outro policial, um tipo bem alinhado, cortês, que dizia "você". Perguntado, respondi novamente que desconhecia os verdadeiros nomes dos companheiros de viagem. Ele ponderou que era hora de colaborar, para que o Comissário não voltasse. Porque o Comissário era um grosso e estou aqui a pedido de seu velho amigo, para livrar você de novos dissabores.

O "velho amigo" era o Escrivão, que estava a postos.

O amistoso diálogo da véspera os levara a crer que, com gentileza, obteriam mais e melhores informações. O Substituto era personagem de uma representação. Primeiro vinha o Homem Mau para maltratar, depois vinha o Homem Bom para evitar que o Homem Mau voltasse.

A violência era a mesma, só que de fatiota.

Ele fez outras perguntas. Curso de guerrilha em Moscou? Absurdo, no Instituto Internacional de Ciências Sociais, denominação campanuda para cursos de abecê, as matérias eram Filosofia, Economia Política, História do PCUS* e Língua Russa. OK, mas se não há esse comprometimento, como declara, veja bem, consta igualmente que você foi a Santa Catarina prestar contas da viagem ao Partido e levar recursos e instruções trazidas de Moscou para a luta política.

Como eu descobriria mais tarde, era esta uma das inferências da 2ª Seção do III Exército – outra coincidência? – assentada em meu prontuário secreto:

Transcrição parcial ipsis verbis

> *Antes de deixar a União Soviética, juntamente com os membros da delegação, recebeu uma cópia de um documento fornecido pelo chefe da delegação, em cujo texto havia recomendações aos comunistas do Brasil, onde dizia que os comunistas não podiam abandonar seus postos de honra junto aos sindicatos, fábricas e no meio estudantil; deviam fazer trabalhos de autodefesa das massas, dando palavras de ordem para cada camada da população, aos camponeses para*

* Partido Comunista da União Soviética.

lutar pela reforma agrária e pela formação de sindicatos rurais.

Esta anotação só poderia derivar de algum fuxico das sumidades que abasteciam as fichas daquela seção militar. O papel que me entregaram em Moscou, não o chefe da delegação, mas funcionários do PCUS, era uma notificação de expulsão da Tchecoslováquia, por ter participado de manifestações anticomunistas em Praga. E era um documento falso, expedido pela polícia tcheca por solicitação do PCUS, com o único intuito de me proteger na passagem por Paris, onde a Interpol, em Orly, detinha para interrogatório viajantes provenientes da União Soviética em cujo país de origem o Partido Comunista fosse ilegal – o caso do Brasil. Um norte-americano passava, um brasileiro não. Em suma, um documento que, se levado a sério, atribuía-me atividades exatamente opostas àquelas que interessavam aos militares: se chegaram ao ponto de acreditar que me manifestara nas ruas contra o comunismo num país comunista, tinham a obrigação de me dar uma medalha... E o papel já nem existia, fora rasgado após o desembarque sem sustos em Orly, por expressa recomendação do PCUS.*

---

* v. *Lágrimas na chuva*, 32.

XII

OS NOMES

Até então eu pudera sonegar o que sabia de meus companheiros de viagem. Éramos uns vinte. Da maioria, lembrava o prenome, de uns poucos também os sobrenomes e os estados a que pertenciam – amigos mais próximos como Jaide Azevedo, do Rio de Janeiro, José Alves, de São Paulo, ou Luís Martins, do Rio Grande do Norte –, mas se pudesse manter a versão dos pseudônimos eles não teriam problemas por minha causa.

Era o que eu pensava.

Na quinta ou sexta noite, o Comissário retornou. Exultava. Trazia os cobiçados nomes. Não de alguns. De todos. A ficha completa. Nomes, sobrenomes, endereços e até algumas fotos. Conseguira este material com os policiais do Rio de Janeiro, que guardavam os prontuários feitos no Galeão antes do embarque.* Um trabalho que, ai de mim, eu facilitara: foram procurar no mês que eu indicara ao Escrivão como sendo o da viagem, em nosso animado cavaco sobre vizinhança, amigos e putas. Se desejassem uma confirmação, bastava ler a lista de passageiros da Air France. Ou, quem sabe, perguntar ao meu tio.

Mea culpa.

E me recriminava por ter tagarelado com tanta disposição, esquecido de que não podia haver entendimento, nem respeito, nem confiança, muito menos afetividade entre um preso político e um policial que, por convicção ou *ex-officio*, era um espião e um trintanário dos tanques que, um ano antes, tinham moído a Constituição. Quisera passar por todo aquele transe com sobranceira dignidade e a deixara ferida num amanhecer de penosa solidão. Digno mesmo era o cordeiro bíblico, não eu, que carregaria essa culpa pelo resto da minha vida.

Mas não máxima culpa.

Minha infortunada contribuição para abreviar as diligências da Interpol não eximia o PCB de sua responsabilidade. Se nossas passagens tivessem sido tiradas para um ponto qualquer da Europa Ocidental, e não diretamente para a Rússia, num momento em que, no Brasil, a direita já conjurava seu atentado às leis e à democracia,

* v. *Lágrimas na chuva*, 1.

não haveria nenhum documento incriminativo no Galeão. Tinha sido um procedimento insensato, típico de dirigentes como aquele que, ao fugir do Golpe, deixara em sua residência na Vila Mariana, em São Paulo, dezenove cadernetas – 3.426 páginas –, nas quais estavam anotados nomes e endereços verdadeiros de centenas de dirigentes e simpatizantes, organogramas, empresas de fachada e balancetes do PCB. E pior ainda: as cadernetas estavam dentro de um armário e não foram recolhidas pelos relapsos militantes que revistaram a casa antes da polícia.*

Confortava-me pensar que aqueles dados pessoais, embora auxiliassem a Interpol, não eram suficientes. Não bastava identificar os viajantes, era preciso encontrá-los, e eles não teriam ido, como eu, apresentar-se a uma repartição pública. Eu era amador e eles, em bom número, militantes profissionais. E seria mesmo o caso de lamentar a descoberta de nomes de "camaradas" que também respondiam pela minha internação na ala dos dementes de um *gulag* urbano? Por três ou quatro amigos podia lamentar. Podia lamentar por uns quantos mais, não por todos. Muitos anos depois, eu viria a saber que um dos líderes de nossa delegação na União Soviética, precisamente o que ajustara com o diretor do Instituto a necessidade de minha "reeducação", era um delator.

---

* *Folha de São Paulo*. São Paulo, 8 de abril de 2001.

XIII

TARDIAS CARAMINHOLAS

Já não havia motivos para ser interrogado e muito menos continuar recluso num lugar malsão, mas, resolvida a pendência dos nomes, voltou-se a polícia, *novamente*, para "ações de resistência" que eu teria desenvolvido e foram informadas aos órgãos da Segurança Pública. Era preciso me espremer um pouco mais. Deveria admitir que tivera encontros subversivos com comunistas do Rio Grande do Sul, como o sobredito Valentim Trindade, o advogado Honório Peres e o dirigente Ary Saldanha, no intuito de atentar contra o regime – embora eu já tivesse declarado pela undécima vez que minha ligação com o PCB começara e terminara em Santa Catarina.

Valentim, já está dito, eu vira por acaso em Alegrete.

Honório era também um conterrâneo – filho de um tenente de Honório Lemes na Revolução de 1923 e antigo redator da *Gazeta de Alegrete*, o saudoso jornalista João de Deus Barros Peres – e cursara Direito em Porto Alegre quando eu era criança. No final da década de 70 e início da seguinte nos víamos com frequência, Honório advogava na Justiça do Trabalho e eu era Chefe de Secretaria da Quarta Junta da capital, mas nos anos anteriores à ida para a Rússia, ou imediatamente posteriores, não o vira uma vez sequer e tampouco saberia identificá-lo, se o visse.

Ary Mallmann Saldanha era outro alegretense, irmão mais moço do jornalista e ex-técnico da seleção brasileira de futebol João Saldanha e aparentado com um de meus primos, o médico Carlos Faraco Mallmann. Mas isto eu soube já no novo século, pelo primo. Em 1965 não o conhecia e não o conheci depois. Um ano antes, em Moscou, como integrante de uma "ação coletiva de solidariedade proletária", visitara sua primeira esposa, Olga, que estava cega e internada num hospital,* por isso sabia que Saldanha pertencia ao Partido, mas só tornara a ouvir seu nome nas dependências da Interpol. No final dos anos 80, soube que ele havia falecido na sede do Partido em Porto Alegre, então no sexto andar do Edifício Fronteira, na avenida Borges de Medeiros, nº 308. Tivera

* v. *Lágrimas na chuva*, 30.

um infarto fulminante durante uma reunião com três camaradas colombianos que visitavam Porto Alegre. Recentemente, tomei conhecimento de sua intensa trajetória como membro do PCB pela leitura do livro escrito por sua segunda esposa, Neli Saldanha.*

Caraminholas tardias de informantes, os tais encontros. E como é fácil acrescentar algo ao que foi inventado, eram interpostos indícios de culpa nos quiméricos conciliábulos. Eu não promovera "manobras subversivas" contra a ditadura, das quais, hoje, haveria de me orgulhar. Como poderia, se depois do Golpe nem estava no Brasil? E ao voltar um ano depois, voltara doente, ainda aturdido pela penca de medicamentos que me impingiam no Kremlovski Bolnitso.** Aquilo que a polícia esperava de mim semelhava um filme dos Irmãos Marx: sugeria que a polícia tinha uma conexão com a 2ª Seção do III Exército, onde a descrição de minhas atividades era igualmente um modelo de *nonsense*:

Transcrição parcial ipsis verbis

Viajou para a Guanabara em companhia de ROBERTO GOMES, estudante do Colégio Pedro II - BLUMENAU/SC [...]. *Manteve*

---

* SALDANHA, Neli. *No melhor dos tempos e nas tempestades.* Caxias do Sul: Eva Eberhardt, 1996.

** Hospital do Kremlin.

> *contato com outros comunistas do BRASIL, como os que seguem: no Rio Grande do Sul – AFRÂNIO VIDAL ARAÚJO – ARI SALDANHA e DR. OSCAR TRINDADE. Na Guanabara, no Comitê Central do PCB – ELOY MARTINS – dirigente do Partido no Rio Grande do Sul* [...] *ROBERTO GOMES, vereador em FLORIANÓPOLIS.*

Não é fácil destrinçar essa maçaroca, mas é preciso que, a seguir, saliente-se quanto erravam os órgãos de repressão, louvados em agentes obsessivos, ou de má-fé, ou incompetentes, ou falsos, ou oportunistas, ou tudo isto junto num crisol de infâmia, como aquela bizarra figura na estação ferroviária de Alegrete. Milhares de pessoas foram prejudicadas ou mesmo seviciadas em decorrência dessas lambanças.

XIV

A MAÇAROCA

Eis os fatos, despidos de seus absurdos.

Eloy Martins era catarinense de Laguna. Foi vereador em Porto Alegre nos anos 40, pelo Partido Socialista Brasileiro, dada a ilegalidade do PCB no curso do Estado Novo. Durante a ditadura militar viveu sete anos na clandestinidade, foi sequestrado e torturado tanto em São Paulo como em Porto Alegre. No bairro Farrapos, há uma rua com seu nome.

No Rio de Janeiro, antes de seguir para Moscou, compareci diariamente à sede carioca do Partido, no 14º andar do nº 90 da rua Francisco Serrador, na Cinelândia, ali recebia o vale do almoço na grande mesa da Pensão Curió. É possível que Eloy lá estivesse, ocorria naquela semana uma reunião dos dirigentes, mas se o vi, não fomos apresentados, e se houve algum contato entre nós foi tão fugaz que não o identifiquei.

Naquela ocasião conheci Antônio Ribeiro Granja, que três anos depois seria eleito para o Comitê Central do PCB em congresso realizado clandestinamente em São Paulo, mas sobre ele nada me foi perguntado e nada declarei. Granja foi o camarada que quis suspender minha ida para Moscou, por entender que não apresentava mínima folha de efetivos serviços prestados ao Partido. Como não podia decidir sozinho, levou-me à presença de Prestes, que autorizou a viagem.* Foi a única vez que o vi.

O arquiteto Oscar Trindade, filho de Valentim, foi meu contemporâneo de adolescência em Alegrete. Nós nos encontramos novamente tão só nos anos 80, quando ele era diretor do DMLU em Porto Alegre e estive em seu gabinete para solicitar um serviço do departamento. E eu nunca soube que ele pertencesse a tal ou qual agremiação política.

O dr. Afrânio Araújo eu via com frequência quando em meus dezoito anos, como Oficial Judiciário, atendia partes e advogados na secretaria da Terceira Junta de Porto Alegre. A lembrança que tenho dele é de um homem educado, gentil, mas jamais conversamos em outro lugar. No final dos anos 70 conheceria seus filhos, Carlos e Luís Heron, e a esposa deste, Olga Cavalheiro, que também faziam advocacia trabalhista.

---

* v. *Lágrimas na chuva*, 1.

A alusão ao escritor Roberto Gomes seria divertida se não fosse tão maldosa. Roberto nunca foi vereador em Florianópolis, como consta em meu prontuário. Em 1964, tinha dezoito anos e era estudante em Blumenau.

Uma semana antes do embarque para Moscou ele me acompanhou a Florianópolis, onde eu faria o passaporte. Dormimos na casa de seu tio, este sim, vereador na capital catarinense, mas pela UDN. Roberto evoca esta passagem em suas memórias, publicadas na revista paranaense *Ideias*. Após destacar que nossa história e de nossos amigos em Blumenau é narrada em sua novela *Antes que o teto desabe*,* conserta o enredo tão largamente distorcido:

Transcrição parcial ipsis verbis

Sergio Faraco, o mais velho da turma, era amigo de um dirigente do PC local, Francisco José Pereira, escritor e figura notável, conhecido então como Chico Comuna. Era Faraco que nos trazia os primeiros fragmentos do marxismo, combustível para nossa inquietação. Sonhávamos com um Nordeste

* Éramos um grupo de jovens interessados em artes e política: Guenther Leyen, Érico Max Muller, Pedro Luso de Carvalho e eu, além do próprio Roberto. O personagem que me representa na novela chama-se Dinarte. v. *Antes que o teto desabe*. Porto Alegre: Mercado Aberto, 1981.

enfim livre, enfim desenvolvido, queríamos fazer uma arte voltada para o povo, revolucionária e libertária, entre outras fantasias. Certo dia Faraco surgiu em minha casa esbaforido e, para evitar que minha mãe bisbilhotasse nossa conversa, me levou para a rua. Tinha uma notícia bombástica: Chico Comuna o indicara oficialmente, ou seja, com a aprovação do PC local, para uma viagem à URSS, onde faria um curso de um mês. *

[...] *Faltavam poucos dias e, antes disso, ele precisava ir a Florianópolis para se apresentar a um contato do PC e receber o passaporte. Como continuava nervoso, me convenceu a ir com ele, eu que tinha família por lá. Fomos os dois, nos hospedamos na casa de meu tio Gersino Silva, que* [...] *era vereador. Pela UDN. Conservador e, como era clichê na época, reacionário.*

[...] *Sergio e eu ficamos em sua casa dois ou três dias. Na manhã seguinte à nossa chegada, levei Sergio a um lugar onde ele faria um primeiro contato com um misterioso comu-*

---

* Na verdade, seis meses, que depois passaram a ser doze. A prorrogação da permanência na URSS foi consequência do Golpe de 31 de março, depois do qual a volta ao Brasil tornou-se inviável.

nista, que lhe passou um endereço. E a recomendação: vá sozinho, sem seu amigo. Eu estava fora. No outro dia, na hora marcada, levei Sergio às proximidades do Morro da Cruz, que ele subiu sozinho rumo ao encontro secreto.

[...] *Em 2010, outubro, Sergio me enviou um e-mail dizendo o seguinte: "Tenho aqui comigo documentos secretíssimos da 2ª Seção do III Exército, e num deles consta que tu, vereador em Florianópolis, viajaste comigo para a Guanabara".*

Eis a trapalhada completa. Noutro registro, do qual me falou um professor da UFPR [...], *além de descrever as atividades do perigosíssimo contista gaúcho, se diz que: "*[...] *acompanhado do líder estudantil Roberto Gomes, filiado ao PC de Blumenau, esteve em Florianópolis, ocasião em que se hospedaram na residência do vereador comunista Gersino Silva".*

Terá sido essa ficha que chegou às mãos do ex-bedel da AESI. Algum asno de seu quilate nos transformou em filiados do PC, me promoveu a líder estudantil e elegeu meu doce e reacionário Tio Gersino vereador comunista. E do encontro com Prestes, com *quem Sergio realmente esteve, eu teria participado, tornando-me amigo dele. Depois disso, eu teria passado dois anos na URSS.**

Ovídio amaria estas metamorfoses.

Por causa de tais desvarios, Roberto Gomes foi proibido de lecionar durante treze anos na Universidade Federal do Paraná e só retomou seu cargo em 1989, com base na Lei da Anistia.

---

* Cf. *Ideias*. Curitiba (143): 54-6, 2013.

XV

DENTES

Eram informações demais, perguntas demais, mas eu não precisava mentir aos policiais para evitar dificuldades. Tampouco desejava convencê-los da veracidade de minhas declarações. Falava a verdade, omitindo-a somente quando pudesse comprometer alguém.

O único encontro deliberado que, voltando ao Brasil, tivera com membros do Partido, fora em março do mesmo ano, ao vir de Alegrete para Porto Alegre, episódio que a polícia desconhecia e não conheceu depois. Uma das instruções recebidas em Moscou recomendava que, chegando a Porto Alegre, procurasse um camarada chamado Dante Guarighia, na rua Domingos Crescêncio, e lhe dissesse: *Venho entregar os couros de Livramento*. A senha não ocultava sinistros desígnios, era apenas um recado a ser enviado aos funcionários do PCUS que tinham organizado meu retorno ao Brasil e precisavam organizar outros. Significava que eu chegara em casa. Um cuidado que passaram a ter com todos os brasileiros que regressavam, por causa da problemática passagem pelo Aeroporto de Orly e do risco de prisão ao entrarem no Brasil.

O Comissário ditou que me avistara com aquelas pessoas, isto é, Ary Saldanha, Eloy Martins *et alii*, transmitindo-lhes orientações do PCUS para a luta política, como no prontuário da 2ª Seção do III Exército, e mandou que eu assinasse a página. Era a mesma que trazia a relação de nomes que ele obtivera no Rio de Janeiro. Eu assinaria, já não dispunha de estatura psicológica para resistir, mas como estava resfriado, com defluxo nasal, molhei o papel. Ele pensou que me negava a assinar e tinha cuspido ali. E se descontrolou. Comprimiu o braço em torno de meu pescoço e o fez com tamanho vigor que seu colarinho se abriu. Quando me soltou, ofegava.

– Vai te limpar – disse o Escrivão, vendo-me os lábios e o queixo lambuzados de coriza.

No banheiro, abri a torneira da pia e me curvei. No espelho, vi o Comissário. Ele empurrou minha cabeça para baixo, fazendo com que batesse a boca na torneira. Agora realmente eu cuspia e era sangue e eram lascas de dentes, traumatismo que comprometeu minhas arcadas dentárias. Voltei-me, ele recuava, de costas, sacudindo o indicador na minha direção.

Quando retornei à peça, já não estava o Comissário. Atrás da máquina, o "velho amigo" meneava a cabeça a título de solidariedade. Dobrou o papel manchado e o guardou na pasta.

– Por hoje é só.

E comentou que a página teria de ser refeita para que o coronel pudesse lê-la. Só então eu soube que, todas as manhãs, o Delegado levava ao meu tio o termo de meus depoimentos noturnos.

XVI
FIM DE BAILE

Passou-se um dia sem policiais, sem perguntas, sem ameaças, passaram-se dois, três, eram dias quietos, as horas se sucediam como espremidas num cano d'água que vazasse gota a gota. Na prisão, se não sabes quando serás libertado, tens a sensação de que jamais voltarás para casa.

Ao menos conseguia dormir.

E dormia a qualquer hora do dia ou da noite, em curtas etapas. Vozes, passos, ruídos de portas faziam com que subitamente despertasse. Já quase me acostumara à alternância de paz e susto quando, num anoitecer, retornaram o Comissário e o Escrivão para o que seria, imaginei, um recomeço das sessões noturnas.

Conversaram à mesa, um com o outro, ignorando que eu estivesse à vista, sentado no piso contra a parede. Banalidades, nada além. E o Comissário, depois de contar que adquirira um Ford muito inteiro por uma pechincha, perguntou se eu tinha carro. Eu estava tenso, não respondi e ambos foram embora sem que meu receio se confirmasse.

Estranha visita, que só fui compreender pela manhã. Eles retornaram apenas para conferir se minha aparência tinha melhorado após curto período de sossego. À tarde, viria à Interpol um dos assessores do Secretário da Segurança, seu meio-irmão Hermeto Bermúdez.

Eu conhecia Hermeto.

Os Bermúdez são de Uruguaiana. Nos primeiros anos 60, a estrada de Porto Alegre a Uruguaiana se desdobrava em mais de seiscentos quilômetros de cascalho e polvadeira, passando por Cachoeira, Santa Maria, São Pedro, São Vicente, São Francisco, Manoel Viana e Alegrete, e tanto Hermeto como meu tio, ao visitar a família, costumavam pernoitar em Alegrete, na casa de meus pais. Às vezes eu estava lá. Em certa ocasião, Hermeto e eu dormimos no mesmo quarto. Ele era muito religioso, antes de deitar-se ajoelhou-se na cama e rezou. Em 1965, tinha vinte anos e cursava Direito na PUCRS.*

---

* Hermeto foi vereador em Uruguaiana e presidente da Câmara Municipal, foi também diretor administrativo da CRT e um dos diretores da Caixa Econômica Estadual. (cont.)

Alguns sinais de maus-tratos não eram visíveis, mas o corte nos lábios tumefatos, a obra do anel de rubi em meu pômulo e os dentes quebrados eram evidências incontornáveis. E Hermeto me olhava. O Comissário, em pé ao lado dele, olhava-me também. Era a oportunidade para denunciá-lo, mas eu temia que o interrogatório prosseguisse e ainda não sabia com quem podia contar. Não o fiz também porque, olhando-o no momento em que me olhava, senti algo que me pareceu complacência diante de sua minúscula humanidade. Como se denunciá-lo fosse uma ostentação de minha superioridade material, moral e intelectual sobre ele, algo indevido, não aceitável, não cabível em minha têmpera. Que Hermeto apontasse para os policiais o dedo acusador, não eu.

Mas quando ele falou, se não foi sobre minha aparência, foi ao menos para prometer que, em 48 horas, eu poderia ir para casa – embora para mim fosse difícil aceitar tal suplemento. Mandou que trouxessem um catre e me deu notícias da família. Duas irmãs de meu pai, as tias Iolanda e Itália, tinham procurado

---

(cont.) Em 23 de dezembro de 1977, faleceu em acidente automobilístico na BR-290, no qual também perderam a vida sua esposa Maria Cândida Sanchotene de Bermúdez e o pequeno filho Luís Felipe (sobreviveu a filha Laís Maria). Eu estava em Alegrete e fui a Uruguaiana para lhe prestar minhas homenagens na Catedral Diocesana. No Jardim Leopoldina, em Porto Alegre, há uma rua com seu nome.

meu tio para pedir que interviesse. Ele teria dito: "Não se preocupem, ele está bem e até escrevendo", uma referência a um pequeno conto que, num momento de paz, eu escrevera na máquina do escrivão e os policiais tinham recolhido. Soube também que outro tio, o médico Eduardo Faraco, ligara para o Secretário, talvez a pedido de meu pai, que continuava em Alegrete à frente de seu negócio.

Eu confiara em que minha família e o Tribunal, do qual desaparecera um dia antes de assumir o novo e importante cargo, pudessem concorrer para minha soltura ou, quando menos, para que recebesse da polícia um tratamento civilizado.

A família, suponho, acreditou na palavra de meu tio e se absteve de outros recursos. Meu tio, também suponho, acreditou nas novas que lhe traziam a cada manhã, segundo as quais a sede da Interpol era uma espécie de colônia de férias, onde os hóspedes eram servidos com os melhores pratos da Confeitaria Rocco e, por desenfado, produziam literatura. Acreditou e foi traído, como no Caso das Mãos Amarradas,* em 1966, em que seria acusado por atos cometidos pelos subordinados, um militar

---

* v. GUIMARÃES, Rafael. *O sargento, o marechal e o faquir.* Porto Alegre: Libretos, 2016. v. também: MAESTRI, Mario & ORTIZ, Helen. *Vida, luta e martírio do sargento Manoel Raimundo Soares.* https://www.correiocidadania.com.br – 10 abr. 2009.

e dois delegados, conforme a CPI presidida pelo deputado estadual Ayrton Barnasque, que encerrou seus trabalhos em 19 de junho de 1967. De outra parte, de acordo com certos documentos, parece que não colaborou com as investigações da Polícia Civil,* quem sabe mal informado pelos militares que o assessoravam, quem sabe pela fé num indevido *esprit de corps*.

No Tribunal, a Administração nada fez, só faria depois e contra mim, em atenção às cobranças de um general, ocasião em que, por justiça, devo lembrar: contrapondo-se àquela autoridade militar e às injunções internas da própria Administração, meu tio não permitiu que eu fosse exonerado de meu cargo público.

Mais tarde, em dezembro de 1976, sua atuação seria decisiva nos trâmites que possibilitaram a entrada do corpo de João Goulart no Brasil. O ex-presidente falecera em sua fazenda argentina La Villa, em Mercedes. A caravana fúnebre, que demandava a São Borja, foi interceptada na ponte internacional de Uruguaiana e só pôde atravessá-la depois que meu tio, então assessor do vice-presidente, general Adalberto Pereira do Santos, tomando conhecimento do impasse por telefonema de um amigo uruguaianense, obteve deste general a esperada autorização, sem consulta ao presidente Geisel e não obstante a tenaz oposição do

* GUIMARAENS, *op. cit.*, p.146, 168, 196, 211, 217-20, 232.

ministro do Exército Sílvio Frota. Este gesto humanitário custou ao meu tio a promoção a general, que ocorreria dias depois.*

Até a vinda de Hermeto, eu estivera coagido por policiais ansiosos de mostrar prestância, mas depois dela, nas 48 horas que acabaram sendo três ou quatro dias para que me recuperasse, não foram retomados os interrogatórios e os atos incivis. Terminara o baile. O Escrivão, não mais o vi, consta-me que faleceu num acidente de trânsito, quando se dirigia a outra cidade para assumir novo cargo. O Comissário, ainda veria outras vezes após deixar a sede da Interpol, mas sem nenhum contato com seu punho.

---

* Ele esteve à frente da Secretaria de Segurança do RS até o término do governo Ildo Meneghetti, em 1966. Quatro anos depois, foi nomeado comandante do Colégio Militar em Curitiba.

XVII

A VOLTA PARA CASA

O Comissário me devolveu a carteira vazia. Gastaram o que continha na minha alimentação. Era a prova, eu realmente estava hospedado ali, gozando férias de inverno, e pagava as diárias.

A cédula de identidade não estava no prédio e me seria devolvida numa sala do décimo andar do Edifício Cimex, na rua Dr. Flores, nº 105, onde poderia reaver também o que fora levado do apartamento. E o Comissário indicou um outro dia. Como eu constataria depois, era uma libertação relativa, à prestação.

Na porta da rua, apontou para a Praça do Portão:

– Olha lá!

Eu olhava para a praça e não entendia.

– Lá adiante, vê que joia – insistiu, e como eu ainda não entendesse, esclareceu: – O Ford.

Era o automóvel que ele dissera ter comprado.

– Quer dar uma volta?

– Melhor não.

Ele riu.

– Fica pra próxima.

Em sua ótica, nossas relações pessoais, agora, estavam normais. Em menos de um mês me esqueceria, ainda que me olhasse de perto e de frente, como me olhou depois, nos anos 70.

Ao me distanciar dali, comecei a correr pela rua Riachuelo, sem me capacitar de que corria para longe do Hotel Carraro. Por trás desse desatino talvez pudesse estar uma história que, para mim, começara já na adolescência.

Em meus quinze anos, era aluno interno do Colégio Rosário. Nos domingos, os meninos podiam sair, devendo retornar no fim da tarde. Eu ia sempre ao Hipódromo dos Moinhos de Vento, costumava apostar nos cavalos metade dos 25 cruzeiros da semanada que meu pai autorizava. Geralmente, perdia, mas naquela tarde ganhei uns trocos num placê e comprei a revista *O Cruzeiro*, que trazia na capa fotos de misses de maiô. Ao folheá-la no pátio do colégio, na companhia de um colega que se chamava Affonso Cardoso Palmeiro, fui abordado pelo prefeito da Divisão dos Médios, Irmão Florenciano, que literalmente me arrancou a revista das mãos. Fomos castigados, Affonso e eu, com dez dias de isolamento num quarto onde eram guardados móveis velhos.

Três anos depois, em Alegrete, cumpria o serviço militar na 12ª Companhia de Comunicações. Meus onze meses de caserna foram tão aflitivos quanto minha reclusão em Moscou. Quantos dias, ou melhor, quantos meses de sua juventude este mau soldado perdeu na cadeia do quartel, por gravíssimos delitos como andar à paisana, deixar de bater continência para um "superior", tomar um gole de vinho ao montar guarda no mictório em pleno inverno ou dormir na guarita, abraçado ao mosquetão, à espera do inimigo paraguaio que não aparecia?

Não corria para longe do Hotel Carraro. Corria para longe de meus cativeiros.

No apartamento, os policiais não tinham trancado a porta, que fora encostada pelo pessoal da limpeza, com um pano entre a folha e o batente. Minhas roupas e objetos pessoais estavam espalhados no chão e o colchonete desventrado. E minhas notas sobre a Rússia? E meus outros rascunhos? E as cartas? E as fotografias? E os livros? E os filmes que não revelara? A maior parte do que levaram jamais seria recuperada.

Depois de juntar meus cacos e arrumar a mala para, finalmente, viajar a Tubarão, fui ao Tribunal justificar meu sumiço. Zelo ocioso: por não ter assumido o cargo na inauguração da junta, tinha sido afastado e agora era um Chefe de Secretaria sem Secretaria, sem junta, agregado à Seção de Material. E ali comecei a trabalhar, com grande constrangimento: ainda não consertara os dentes e talvez pudesse dizer, como diria o Sargento das Mãos Amarradas, Manoel Raymundo Soares, em carta à esposa Elizabeth Chalupp, em 2 de maio de 1966: "Em meu corpo ficaram gravadas algumas das medalhas com que me agraciaram". *

* Em 26 de agosto de 2011, em sua homenagem, foi inaugurada no parque Marinha do Brasil, em Porto Alegre, a escultura Memorial de Pessoas Imprescindíveis, obra da artista plástica Cristina Toniolo Pozzobon.

XVIII

INJÚRIA*

À tarde, no dia indicado pelo Comissário, fui ao Edifício Cimex. Na sala do décimo andar, abriu a porta um tipo achinesado, corpulento, crasso, tá procurando o quê? O Comissário, vim pegar um documento, e minhas palavras soavam entre chiados e sibilos por causa do estrago em meus dentes. Ele abrandou a carranca, abriu mais a porta.

– Entra – e diante de minha hesitação ao ver outro homem, um sardento à mesa: – Não embroma, entra.

Quis recuar, ele agarrou meu braço e me puxou. Estavam ali duas mulheres, em poltronas defronte à mesa, a morena, que teria vinte anos, se tanto, com a blusa desalinhada no decote, ao passo que a outra,

* Para atender ao pedido de um jornal, este capítulo foi transformado num pretenso conto. Se houve alteração na forma, não houve no conteúdo: os fatos narrados são verídicos.

ruiva e mais velha, tinha manchas roxas num dos pômulos. Na parede atrás da mesa, emoldurado, fitava-nos, circunspecto, o Marechal Castelo Branco com a faixa presidencial.

– E o Comissário? Eu só vim porque...

– Hora errada, meu camaradinha.

– É a minha identidade, ele não disse a hora... Tu mesmo me devolve, então. Por favor.

Não, documento era com o Comissário e ele só retornava no dia seguinte.

– Tudo bem, volto amanhã.

O chinês riu.

– Volta amanhã nada, ele tava te esperando e tu não deu as caras. Tu é o subversivo que tava preso, certo? Ele não disse que era pra te liberar. Volta amanhã? Uma pivica, meu camaradinha, tu espera aqui. Junto com elas, certo? Quem sabe tu tira uma casquinha, as chilenas são calientes. E beliscou a nuca da ruiva, que não reagiu.

Chilenas? Numa sala discreta da polícia?* Pareciam

---

* O DOPS também dispunha de um lugar secreto, a casa nº 600 da rua Santo Antônio, que ainda existe. Na calçada, foi emplacado um texto sob o título MARCAS DA MEMÓRIA: DOPINHO [ou seja, pequeno DOPS]: *Primeiro centro clandestino de detenção do Cone Sul. No número 600 da Rua Santo Antônio funcionou estrutura paramilitar para sequestro, interrogatório, tortura e extermínio de pessoas ordenados pelo regime militar de 1964. O major Luiz Carlos Menna Barreto* (cont.)

amedrontadas e conversar uma com a outra só com os olhos. A morena compusera a blusa.

– Não posso, tô trabalhando.

– *Não posso, tô trabalhando* – repetiu, voltando-se para o sardento: – Viu só o que ele disse? *Não posso, tô trabalhando.*

E o sardento, que até então nada dissera, fixado na morena sem dissimular o ríctus obsceno, olhou-me atentamente. Recém me vira. E as pupilas faiscavam, aquilo podia ser normal? Quem é esse viado, gritou, e se ergueu com tamanha fúria que derrubou a cadeira. Tentei falar, ele continuou gritando quem é esse viado, como tu entrou aqui, desdentado, te fecha no banheiro, vai, quer levar porrada?

– Vamos acalmar, não grita – disse o chinês –, e tu entra ali e fecha a porta.

As mulheres deram as mãos, a morena fungava, a ruiva olhava para o chão.

Hora errada.

Obedeci.

Ouvi ruídos de móveis arrastados, depois gemidos e sons que não reconheci, depois um grito abafado

---

(cont.) *comandou o terror praticado por 28 militares, policiais, agentes do DOPS e civis, até que apareceu no Guaíba o corpo com as mãos amarradas de Manoel Raimundo Soares, que suportou 152 dias de tortura, inclusive no casarão. Em 1966, com as paredes manchadas de sangue, o Dopinho foi desativado e os crimes ali cometidos ficaram impunes.*

e a voz confragosa do sardento: "Calada, vagabunda". Depois silêncio, um tempo que fosse imóvel, sólido, um tempo mineral, e gemidos novamente e mais silêncio e depois da eternidade de uns minutos e outra eternidade ainda, a porta foi aberta e o chinês entrou. Estava nu da cintura para baixo. Fez a higiene na pia.

– Cai fora. As minas vão se lavar.

As poltronas tinham sido empurradas para perto da janela. No parquê, nódoas úmidas que podiam ou não ser de suor. Em pé no meio da peça, o sardento limpava-se com um lenço, e quando as mulheres, com as vestes descompostas, cabelos revoltos, iam entrar no banheiro, ele deu um salto:

– Sem as bolsas!

Guardou o lenço. Fechou o zíper.

– Te diverte – disse o chinês, enquanto se vestia –, elas dão e não chiam.

Repeti que precisava de meu documento e quero ir embora e o sardento veio na minha direção. Parecia que ia me esbofetear, o chinês se interpôs e o empurrou com energia, vamos acalmar já falei. E para mim:

– Tu tá provocando, depois não te queixa.

Colocaram as poltronas no lugar e o sardento pegou as bolsas. Elas retornavam, ele disse:

– Hasta mañana, suas putas.

Ao sair, chavearam a porta.

Traziam cabelos puxados para trás, as chilenas, e os vestidos molhados. Como não havia chuveiro, usaram a torneira da pia. Também lavaram ali as calcinhas e as penduraram no porta-toalhas. A morena estivera chorando. Seu decote se esgarçara, o seio escapava quando ela movimentava os braços. De volta às poltronas e então a ruiva sorriu com ligeira simpatia ao me ver sentado na cadeira de braços atrás da mesa, mas se passou muito tempo até que alguém quisesse falar, a morena disse que ia anoitecer e era melhor ligar a luz. Ninguém se moveu, teríamos preferido a penumbra e assim não vermos a sala, a mobília ordinária e não ficarmos lembrando o que recém acontecera. Ouvíamos passos de pessoas que, no fim do expediente, dirigiam-se à escada ou ao elevador, ouvíamos o barulho dos veículos nas ruas e a buzina distante de um alarme.

Já anoitecera, agora a luz estava acesa.

Conversávamos.

Não disseram os nomes, as chilenas, tampouco perguntaram o meu, e a ruiva, depois de aceitar que eu não era um secreta, contou que os homens com quem viviam em Santiago eram brasileiros exilados e os dois casais tinham sido presos, dois dias antes, no Aeroporto Salgado Filho, logo após o desembarque. Não sabiam para onde os companheiros tinham sido levados, temiam sabê-los torturados, assassinados, por isso não gritavam, não se defendiam nem tentavam fugir. E tinham fome. A única refeição diária era pela manhã, quando aqueles dois homens traziam refrigerante, pão e uma lata de salsichas, que abriam com um canivete. Depois levavam a lata, receando que elas cortassem os pulsos.

A morena se queixava em sussurros, a outra a consolava, que não se abatesse nem desesperasse, lembrasse que o Comissário ia voltar mais tarde para libertá-las e sem demora ia acabar aquele pesadelo. O Comissário? O Comissário ia voltar naquela noite e confiavam na palavra dele? Não, não deviam acreditar. Ia voltar, sim, era um homem bom, prometera levá-las para um hotel e tinham certeza, ambas, de que ia cobrar o comportamento infame de seus colegas. Não era assim, eu insistia, estavam enganadas, ele não era diferente dos outros, mas não pude convencê-las, talvez porque o Comissário fosse a última esperança delas.

Seriam nove horas, ou dez, quem sabe.

Deitara-me no chão, mãos atrás da cabeça. Ao ver as mulheres silenciosas nas poltronas, olhos fechados, levantei-me, apaguei a luz e de pronto tive de ligá-la, a morena não queria dormir no escuro. Quando me deitava novamente pensei ter ouvido alguém bater de leve à porta, mas terá sido, talvez, em outra sala, em outro andar, em algum escritório onde faziam serão.

Elas tiraram os sapatos, distenderam as pernas. A ruiva dormiu, a outra pouco a pouco se tranquilizou, dormiu também, e ambas começaram a escorregar nas poltronas, de tal modo que lhes via entre os joelhos afastados a sombra do púbis. Às vezes estremeciam, tentavam corrigir a postura e escorregavam novamente naquele sono inquieto, vulnerável.

Ainda não dormira quando ouvi a chave na porta. As mulheres despertaram, assustadas. Era o Comissário. Trazia as bolsas, entregou-as e elas se fecharam no banheiro. Sentou-se à mesa e mostrou uma foto 3x4 de Antônio Augusto Ruschel.

– Ele esteve contigo em Moscou. Quando o encontraste em Porto Alegre?

– Já disse que o encontrei uma vez, por acaso.

– E depois? A última vez que o viste.

– Não houve esse *depois*, nunca mais o vi.

– Não mente pra mim. Quero saber a última vez que falaste com ele. Recentemente.

– Recentemente... eu tava preso, né?

– Não é a resposta certa – e guardou a foto. – Pode ir agora, volta terça de tarde. Hoje estás com sorte, mas na terça tua memória vai funcionar.

– E a minha identidade?

– Veremos.

– Como *veremos*? Eu preciso dela.

– Terça-feira, não entendeu ainda? Terça de tarde. Pode ir.

Não fui. As moças foram violentadas, eu disse, com a comoção que a gente sente quando pede ajuda a alguém mais forte e esse interesse pudesse significar que algo ainda podia salvar entre tantas perdas. Ele me olhou diretamente nos olhos, sem que eu soubesse se o fazia por se surpreender, ou para ver se acreditava em mim ou por impaciência e disse apenas não é da tua conta, pode ir. E ainda não me movi.

– Elas vão ficar bem, vai embora.

– E os policiais? Também vão ficar bem?

– Eles não são policiais. Agora vai. Anda!

Pretendia fazer um lanche na Padaria Matheus, na Praça da Alfândega, que não fechava à noite, mas, ainda comovido, comer não era o que eu ansiava. Desci a rua Dr. Flores e me escondi num vão de porta para ver se, realmente, as chilenas seriam libertadas. Passou um homem e me olhou com atenção, pouco depois outro que, ao me ver, trocou de calçada. Passou na esquina um bonde tardio que demandava ao abrigo da Praça XV e então vi o Comissário deixar o edifício com a morena e conduzi-la a um Aero Willys estacionado quase na esquina do Hotel Carraro. Antes de embarcar, a mulher olhou rua abaixo. Não sei se me viu, eu estava no escuro. Pude reconhecê-la por causa das vitrinas iluminadas das Lojas Renner.

Era junho, esfriara. Mal agasalhado, meio encolhido, comecei a andar, perguntando-me se um dia me animaria a contar o que vivera naquele décimo andar. Mas como poderia fazê-lo, se não conhecia a história toda? Se não eram policiais, quem eram aqueles dois sujeitos? Iriam as chilenas para o hotel, como esperavam, ou para um lugar mais discreto ainda? Por que a ruiva ficara para trás? Por que a morena olhara para o fim da rua? Reencontrariam os companheiros? Talvez pudesse, sim, contar-lhes a história, um dia, se me animasse, mesmo sem um fim, pois a história delas, nas primeiras horas daquela noite, também era a minha.

XIX
SEM RESSENTIMENTOS

Tive de comparecer duas vezes mais à sala do Edifício Cimex, mas não vi mais o chinês e o sardento. Sobre as chilenas, o Comissário negou-se a responder às minhas perguntas, limitando-se a frisar que o objeto não era da minha alçada. Desconheço o que possa ter acontecido com elas e seus companheiros. Naqueles anos era comum que pessoas simplesmente desaparecessem, assim como poderiam desaparecer também seus corpos.

Esses encontros com o Comissário foram relativamente tranquilos. Ameaças ele fez, em regra quando me negava a identificar pessoas nas fotografias, até por não saber quem eram, ou quando dizia ignorar o paradeiro de Antônio Augusto Ruschel, o que era verdade. Mas depois da visita de Hermeto e do que Hermeto, por certo, teria contado ao meu tio, eu estava convicto de que, se havia entre nós alguém com receio, seria o Comissário, não eu. De minha parte, porém, ele não teria o que recear. Já tivera ocasião de denunciá-lo e não o fizera. E não pretendia fazê-lo.

Em nosso último encontro o Comissário devolveu meu documento. Ao nos despedirmos, estendeu a mão.

– Sem ressentimentos?

– Sem ressentimentos – eu disse, apertando aquela mão que maltratara um homem sem culpas.

– Não me odeia, então?

– Não odeio ninguém, Comissário.

– Ótimo. Espero que nos vejamos numa hora melhor.

– Bem, isso eu não espero.

Ele achou graça e, na porta, me deu um tapa amigável nas costas que podia ser interpretado como um empurrão, já que me fez dar dois ou três passos no corredor.

XX

VIDA DE CASADO

No final daquele ano, a pedido de meu tio, que esteve no tribunal para, digamos, conversar com o presidente, fui removido para a junta de Uruguaiana. Recuperei meu cargo e, em liberdade, recuperei também o contentamento de estar vivo, ainda que contuso no corpo e na alma. Essa remoção, se acreditarmos na prevalência do acaso em nossas vidas, determinou um rumo inesperado na minha. Trabalhando em Uruguaiana, passava os fins de semana em Alegrete, e ali, pouco depois de completar 25 anos, pude amar novamente uma mulher. Ou uma menina, ela tinha quinze anos. Aos dezoito, seria minha esposa.

De Uruguaiana, fui removido para a junta de Novo Hamburgo. Morava em Porto Alegre e viajava diariamente para lá.

Enfrentávamos, minha mulher e eu, grandes dificuldades de subsistência. Morávamos num apartamento do edifício Marlene, na avenida Protásio Alves. Meus vencimentos na Justiça do Trabalho eram razoáveis, mas uma parte ia para o aluguel do apartamento, outra para devolver proventos que recebera indevidamente estando fora do país, outra para o psicanalista, tentando exorcizar as legendas que trouxera do exterior e aqui renovadas, e outra ainda para a faculdade em Canoas, pois meu cargo passara a ser exclusivo de bacharéis em Direito. Não sobrava quase nada e a família tinha aumentado. Houve um dia em que, não sobrando realmente nada, tive de subir a avenida com uma mala cheia de velhas revistas para vendê-las por quilo a um barbeiro que as revendia. Às vezes eu olhava para minha mulher, tão jovem, já mãe de duas filhas, e a amava ainda mais ao vê-la estafar-se em nosso dia a dia de tantas privações.

Foi nessa época que, com frequência, comecei a publicar contos, artigos e traduções no *Correio do Povo*. Pagava-me o jornal por colaboração. Era pouco, mas para nós esse pouco era muito. Geralmente, para economizar, ia a pé de Petrópolis ao jornal, na rua Caldas Júnior. Recebia o pagamento e, ao regressar, ia ao mercadinho da esquina para reabastecer nossa despensa.

Não podia nem mesmo comprar o jornal em que colaborava e só ganhei uma assinatura de um ano quando Mario Quintana, amigo querido e conterrâneo, fez o difícil logogrifo da edição dominical do *Correio*, entregou-o em meu nome e fui sorteado entre os raros acertadores. Se é que houve algum sorteio...

Os sustos, porém, não tinham cessado. Meu cunhado, que era oficial do Exército e, quando tenente e solteiro, servira na 12ª Companhia de Comunicações em Alegrete, onde eu também servira - e me distinguira com inúmeras prisões -, avisou-me ter sabido por colegas que os militares iam me procurar. Era um tipo de visita que, então, não mais esperava, já não via fundamentos para tratar com pessoas fardadas, mas me preocupei. Não por mim. Por minha mulher, sim, pelas meninas. E decidi me desfazer de obras marxistas que trouxera de Blumenau e lera quando morava lá e era amigo de Francisco.

Se os soldados estavam por vir, eu não podia sair às ruas sobraçando livros e tampouco usar os vizinhos como guarda-volumes de objetos que eram considerados delituosos. Carreguei a pilha para o tanque na área de serviço, inclusive romances de Jorge Amado, que pertencera ao Partido até 1956, e derramei álcool para prender o fogo. A fumaça que surdiu foi tamanha que preocupou a vizinhança. Abri a torneira para apagar as labaredas e a fumaça se tornou maior e mais espessa. Nada mais podia fazer senão deixar a torneira aberta, sentar num banco e esperar, ansioso, o fim da equivocada combustão doméstica. O monturo cor de piche era a prova cabal de que alguma coisa eu escondera.

Felizmente, ninguém se inquietou a ponto de chamar os bombeiros. Mais felizmente ainda, os soldados não vieram. Ou tinha sido um alarme falso ou houvera uma desistência de última hora. Lamentei pelos livros perdidos, mas sempre nos divertimos com aquele fiasco. Durante muito tempo nossa vida foi difícil, mas nunca um estendal de lamúrias.

XXI

FELICIDADES, COMISSÁRIO

No segundo lustro dos anos 70 fui removido da junta de Novo Hamburgo para a Quarta Junta de Porto Alegre, a pedido do juiz e mais tarde desembargador José Fernando Ehlers de Moura, que por vários anos seria meu chefe e estimado amigo.

Na Quarta Junta, quando a Justiça do Trabalho ainda funcionava na avenida Júlio de Castilhos, eu ocupava uma sala ao lado da secretaria. Certo dia, ouvi alguém reclamar em alta voz no balcão, onde eram atendidos os reclamantes e seus patronos.

Protestos eram frequentes, como em qualquer outra junta, especialmente na fase executória dos processos: do empregado, por ser um credor insatisfeito; do empregador, porque deveria satisfazer tais créditos; do advogado, pela longa espera de seus honorários.

Quando isto acontecia, costumava ir ao balcão para ver do que se tratava e, se preciso fosse, proteger meu funcionário.

Para meu espanto, quem lá estava a altercar era o Comissário, com seus óculos esverdeados, seu falso anel de rubi, como no tempo em que me coagia na casa da rua Duque de Caxias. Era autor de um processo contra uma grande loja de departamentos, para a qual prestara serviços de segurança. Como não estava em idade de se aposentar, aquilo seria um biscate para engordar seus rendimentos.

Com tantas juntas em Porto Alegre, sua reclamatória fora distribuída justamente para a minha. Estaria por trás de tamanha coincidência uma divindade amiga, para que eu tivesse a oportunidade de me desforrar?

O motivo da desinteligência era banal.

O Comissário queria retirar os autos da secretaria para fotocopiar algumas peças, a pedido de seu advogado. Ora, reclamante e reclamado não podem retirar processos dos cartórios, direito exclusivo de advogados e de peritos nomeados pelo juiz. No balcão, pedi que ele repetisse o que desejava. Eu tinha 27 anos, não mudara quase nada. Ele me olhou e não me reconheceu, como imaginei que aconteceria ao me despedir dele na sede da Interpol.

Era praxe nas juntas que o Chefe de Secretaria, por exceção, autorizasse a retirada dos autos quando o solicitante, comprovadamente, trabalhasse no escritório de um advogado, e certos prazos não fossem comuns a ambas as partes. Não era o caso do Comissário, mas autorizei. Já não o temia. Era um sentimento estranho e, passados tantos anos, era mais do que complacência, mais do que o constrangimento de me prevalecer. Era como se tivéssemos uma experiência comum, tivéssemos ambos enfrentado um perigo em outro tempo, outro lugar, soldados de exércitos antagônicos que se encontram e confraternizam no intervalo do combate, e entre nós pudesse viger um compromisso de mútua confiança. Por certo, não era assim, não podia ser assim, longe disso, mas era assim que me sentia, por ser incapaz de odiar alguém.

– Pega a identidade dele – eu disse ao funcionário.

Fiz questão de devolver eu mesmo o documento, minutos depois. E ele continuou sem lembrar-se de mim. Por todos os demônios, quantos inocentes aquele homem teria maltratado? E eu o tratava a pão de ló.

O Comissário me estendeu a mão, não recusei a minha.

– Agradeço sua gentileza.

– Certo – eu disse. – Felicidades.

Mas o Comissário não foi feliz.

No mesmo ano o vi mais uma vez, mas em foto de jornal que até hoje guardo. Ele tinha retornado à Polícia Civil e fora baleado por um perigoso assaltante.

Seu estado era gravíssimo no Hospital de Pronto Socorro. Dias depois, quando soube, pelo mesmo jornal, que não resistira, senti uma grande pena, como se tivesse perdido alguém de minha estima.

APÊNDICE

TRÊS DIAS DE MEDO*

Em 1982, no Rio de Janeiro, publicou-se um livro do escritor uruguaio Mario Arregui, *Cavalos do amanhecer*, que eu traduzira. O lançamento teria lugar em nossa Feira do Livro, com a presença do autor, e tão logo ele chegou a Porto Alegre pedi a um jornalista que fosse ao City Hotel entrevistá-lo, encarecendo que evitasse as questões políticas. A ditadura militar ainda sufocava o Uruguai e o prontuário do escritor registrava duas prisões, tão brutais que seu coração delas herdara um marca-passo.

No dia seguinte, ao abri o jornal, ai de mim. O jornalista me desatendera a petição e, conquanto pudesse ter outras e até melhores intenções, agira a *contrario sensu*, ressaltando a subversão de Arregui: ele escreveu que, na entrevista, a conjuntura oriental esti-

---

* FARACO, Sergio. *As noivas fantasmas & outros casos*. Porto Alegre: L&PM, 2021. p. 93-6.

vera em evidência, mas optara por não reproduzir os conceitos políticos do escritor para poupá-lo de mais uma prisão quando voltasse ao seu país...

Arregui autografou na feira. À noite, com representantes da editora carioca e alguns amigos, entre eles os escritores Laury Maciel e José Eduardo Degrazia, fomos jantar num restaurante chinês da Praça da Alfândega. Já bem tarde, veio à nossa mesa um homem de seus trinta e poucos anos, atlético, pletórico, cabelo à escovinha, identificando-se como uruguaio exilado, admirador de Arregui, mas comecei a desconfiar quando propôs ao escritor um passeio de táxi pelos bairros da cidade. Arregui, que nutria uma fé cega na humanidade, aceitou. Para o alívio de sua esposa, que também estranhara o convite, pude convencê-lo de que, em hora tão entrada, não convinha deixar-se guiar por um desconhecido.

Na outra noite jantei com o casal no mezanino do hotel. Eu estava de costas para a escada. Em dado momento vi que a mulher de Arregui, visivelmente inquieta, olhava para algo atrás de mim. Voltei-me e ainda pude ver o rosto do homem, antes que se ocultasse. Era o mesmo do restaurante chinês. Levantei-me às pressas, quis alcançá-lo e ainda o avistei quando ganhava a rua, mas o perdi no meio da multidão que convergia para o Largo da Prefeitura, onde haveria um comício.

Podia não ser nada, mas... e se fosse? Oito anos antes, a ditadura militar não mandara matar em Paris o diplomata Ramón Trabal, que condenava publicamente seus excessos? E quatro anos antes, não mandara sequestrar os ativistas políticos Lilián Celiberti e Universindo Díaz em Porto Alegre, certamente com a intenção de também matá-los?

Ao fim da refeição, acompanhei os visitantes até o quarto. Na portaria, recomendei que não permitissem visitas ou chamadas locais, exceto as minhas, e telefonei ao jornalista Paulo Gastal, no *Correio do Povo*, pedindo que, no dia seguinte, noticiasse a viagem de Arregui para o centro do país. No Largo da Prefeitura sucediam-se os oradores, e permaneci na porta do hotel, ouvindo os discursos. Terminado o comício, continuei no mesmo lugar, a vigiar quem entrava. Depois já não entrava ninguém, só a madrugada, e eu ali, encostado num pilar do passadiço, a pestanejar meu sono e meu cansaço.

De manhã, transferi o casal para o Preto Hotel. No *Correio*, a nota falsa de Paulo Gastal: Arregui seguia para São Paulo. Mas foi para Gramado. À tardinha, quando retornou, eu já comprara sua passagem para Montevidéu, no ônibus da noite – a saúde não lhe consentia viagens aéreas. Ninguém sabia da troca de hotel, o dia e a hora da viagem eram um segredo meu, mas pouco antes do embarque, já na Estação

Rodoviária, o homem tornou a aparecer. Eu o vi de longe, aproximando-se com pressa. É agora, pensei, e fui ao encontro dele. Vendo-me, contudo, e era a terceira vez que me via em seu caminho, deu meia-volta e foi embora.

Quem era o homem? Um agente da polícia política com propósitos criminosos? Um espia do consulado querendo intimidar? Um exilado inconveniente com saudade da pátria? Agi como deveria ou, com a cumplicidade involuntária da esposa do escritor, deixei-me levar pelos receios próprios daqueles anos de horror? Mas estou certo de que não precisava ter vivido essa experiência, que em qualquer caso derivou da matéria jornalística. Quem a redigiu não se capacitara de que, às vezes, o dever de quem dá a notícia é justamente não dá-la.

* * *

Nota: esta crônica foi escrita nos anos 80. Na Feira do Livro de 1999, dezessete anos depois da visita de Arregui a Porto Alegre, o acaso me colocou novamente frente a frente com o intrigante personagem. Ele abordou o jornalista Ruy Carlos Ostermann, com quem eu conversava, e apresentou-se, queria tratar de uma questão esportiva. Engordara. E a calvície de hirtas farripas, com o concurso de uma pornográfica barriga, dava-lhe um ar de barnabé jubilado, que a sacola de ráfia ao braço reforçava. Não me reconheceu, eu sim, e o reconheceria se o visse em Cochabamba.

– Lembras de 82? – perguntei.

Ele me olhou e pronunciou meu nome como quem duvida. Ouviu calado enquanto eu contava ao Ruy, palavra por palavra, o que foi contado acima. Ele então falou, disse que se esquivara de mim por pensar que eu fosse um policial da ditadura. Eu? Bem, era uma explicação plausível naquele tempo em que não podíamos confiar em ninguém, naquele tempo em que colegas de serviço e até amigos nos traíam. Mas se explicou algumas coisas, não explicou outras, como o seu conhecimento do dia e da hora da viagem. E se retirou abruptamente, como em 1982 no restaurante do City. Com uma diferença que, para ele, podia ou não ser constrangedora: agora eu sabia seu nome.

DESAPARECIDOS

Um dos capítulos mais dolorosos da história da América pertence aos anos 70: o desaparecimento de crianças no Cone Sul, após sequestro e assassinato dos pais por agentes da repressão política. Sobre esses crimes foi publicado em Montevidéu, em 1987, o livro *Amaral: crónica de una vida*, de Alvaro Barros-Lémez. Narra a triste odisseia de um filho de Floreal García, boxeador uruguaio que, em 1963, lutou em São Paulo e conquistou o título de Campeão Panamericano de Boxe Amador (peso-mosca), vencendo o brasileiro Pedro Dias. Floreal casou-se com Mirtha Yolanda Hernández, da qual nasceu, em 1971, Amaral Alberto García Hernández.

Muda o cenário: Paris.

Ano: 1974.

Os militares uruguaios, já no poder, decidem livrar-se de um incômodo colega, o adido militar na

França, Coronel Ramón Trabal, que tem cobrado publicamente os excessos da ditadura. Mandam matá-lo e fazem chegar à imprensa francesa o comunicado de uma inexistente Brigada Internacional Anti-Imperialista, assumindo a autoria do atentado. De imediato, outra resolução em Montevidéu, derivada do infame ardil: para cada governista morto, serão eliminados dez subversivos. O presidente Bordaberry, em sinistra matemática, consegue uma redução pela metade. Dias depois, "por conta" de Ramón Trabal, são encontrados mortos numa rodovia os corpos de cinco ativistas políticos, entre eles Floreal e Yolanda.

Amaral, então com três anos, desaparece. Tios, avós, amigos, todos procuram Amaral. E o procurariam durante uma década, enfrentando o descrédito, a indiferença, o deboche, as ameaças, o medo, até encontrá-lo em Buenos Aires com o auxílio das Mães da Praça de Maio. Tivera uma desastrada infância, passando por inúmeras casas e cidades, sob os cuidados de diferentes membros de uma mesma família de ex-policiais e ex-funcionários do serviço de inteligência da Argentina, além de uma pseudoavó que o chamava de *guaxo*.

Drama semelhante foi reproduzido, em 1985, no belo filme argentino *A história oficial*, mas se ali o foco narrativo é o da família adotiva, na obra de Barros-Lémez quem depõe é a família legítima, subsidiada pelas vagas lembranças do menino. É a outra ponta da corda, no ponto em que ela rebentou.

A leitura desse relato aflitivo induz à reflexão sobre certos momentos da vida americana, quando os governos civis perdem a confiança das nações, e estas, desmemoriadas, anseiam pela volta dos regimes de força. Em mais de um país do Cone Sul a história tem mostrado que, na falta de governantes escolhidos em eleições livres e demais garantias democráticas, passam a faltar também os mais comezinhos princípios do respeito humano, numa voragem que não poupa nem nossas crianças. Como esquecer tão pungente lição?

lepmeditores
www.lpm.com.br
o site que conta tudo

IMPRESSÃO:

PALLOTTI
GRÁFICA

Santa Maria - RS | Fone: (55) 3220.4500
www.graficapallotti.com.br